People in 피플

글을 쓴 김이진 님은

성균관대학교 역사교육과를 졸업하고, 인간과 자연, 우주를 관찰하는 글쓰기를 하고자 합니다.
EBS 방송국에서 〈지식채널 e〉와 〈다큐 프라임〉 등의 작가로 활동하고 있으며,
지은 책으로는 《지식 e》(공저) 등이 있습니다.

그림을 그린 조현숙 님은

단국대학교에서 서양화를 전공하였으며, 영국 킹스턴대학 일러스트레이션 과정을 수료하였습니다.
그린 책으로는 《마녀 옷을 입은 우리 엄마》, 《양말을 꿀꺽 삼켜버린 수학 1,2》, 《좁쌀영감 오병수》,
《엄마 친구 딸은 괴물》, 《로빈훗》 등이 있습니다.

하늘을 나는 자전거 수리공 · 라이트 형제
글 김이진 그림 조현숙

펴낸이 김동휘 **펴낸곳** 여원미디어(주) **출판등록** 제406-2009-0000032호 **주소** 경기도 파주시 회동길 130(문발동) 탄탄스토리하우스
전화번호 080 523 4077 **홈페이지** www.tantani.com **제작책임** 정원성
기획·편집책임 이연수 **원고진행** 김미경 강성은 조정미 **사진진행** 김남석 **사진제공** 유로포토·토픽포토·이미지클릭·포토파크 **그림진행·디자인** 글그림
판매처 한국가드너(주) **교육 마케팅** 배선미 박관식

· 이 책에 사용한 사진은 해당 제공처의 허락을 받아 게재한 것입니다. 저작권자와 초상권자를 찾지 못한 일부 사진은 확인되는 대로 허락을 받겠습니다.
· 이 책에 실린 글과 그림의 무단 복제 및 전재를 금합니다.
ISBN 978-89-6168-504-7 ISBN 978-89-6168-572-6(세트)

하늘을 나는 자전거 수리공

라이트 형제

글 김이진 그림 조현숙

여원미디어

날개를 가지고 싶어 했던 인간의 꿈. 그러나 오랫동안 땅에 묶여 있었던 두 발.

새의 날개를 달고 멋지게 하늘로 날아올랐지만,

꿈만으로는 문을 열지 않았던 하늘.

수많은 실패와 고민 끝에 만들어졌지만,

천재의 아이디어만으로는 오를 수 없었던 하늘.

태양 가까이 가는 바람에 녹아 버린 이카로스의 날개.

날지 못했던 다 빈치의 날개.

천재도, 과학자도, 백만장자도 이루지 못한 꿈!

"하늘을 나는 것은
　　　인간이 결코 이룰 수 없는 꿈인가?"

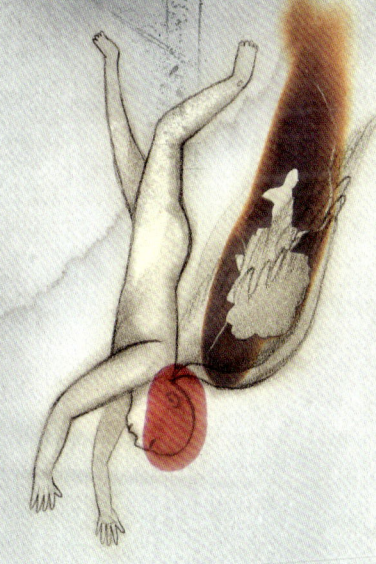

이카로스_ 그리스 신화에 나오는 인물. 새의 깃털을 밀랍으로 붙인 날개를 달고 미노스의 미궁을 탈출합니다. 그러나 너무 높이 날아올라서 태양열에 밀랍이 녹아 바다에 떨어져 죽고 말아요.

레오나르도 다 빈치_ 《최후의 만찬》, 《모나리자》로 유명한 이탈리아의 천재적인 화가. 조각·건축·과학·수학·음악·발명에 이르기까지 여러 분야에서 재능을 보였는데, 그의 연구 노트에서 비행체의 설계도가 발견되었어요.

새와 구름, 태양과 별 들의 세계였던 하늘로
세상에서 가장 커다란 날개가 날아올랐어요.
인간의 날개, 비행기.

인간에게 날개를 달아 준 사람은
유명한 과학자도, 소문난 발명가도, 번뜩이는 천재도 아닌
자전거 수리공 형제였어요.

두 바퀴에서 시작하여 두 날개를 달고 날아오른
윌버 라이트와 오빌 라이트.
그러나 사람들은 보잘것없는 자전거 수리공 형제의
성공을 쉽게 인정하지 않았어요.
5년이 지난 어느 날, 라이트 형제를 처음으로
'비행기 발명가'로 소개한 기사의 제목……

"그들은 비행가인가? 거짓말쟁이인가?"

쌍둥이처럼 붙어 다니던
형 윌버 라이트와 동생 오빌 라이트.
형제의 관심은 온통……
어떻게 하면 동네에서 제일 빠른 썰매를 만들 수 있을까?
어떻게 하면 동네에서 제일 높이 뜨는 연을 만들 수 있을까?

더 빨리 달리는 썰매를 만들 때까지,
더 높이 날아가는 연을 만들 때까지.
만들고 부수고, 만들고 또 부수며 하루를 보냈어요.

그리고 라이트 형제의 손끝에서
동네에서 가장 빠른 썰매,
동네에서 가장 높이 뜨는 연이 만들어졌어요.

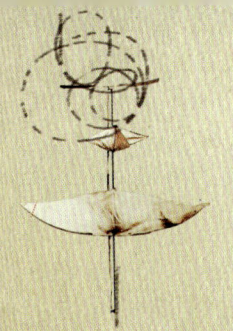

"1878년 늦가을이었어요.
어느 날 저녁, 집에 돌아오신 아버지의 손에 무언가 들려 있었죠.
아버지는 그것을 공중으로 가볍게 던지셨어요.
그러자 그것은 바로 바닥으로 떨어지는 게 아니라
천장에 부딪칠 때까지 방 여기저기를 날아다녔어요.
천장에 부딪쳤는데도 한동안 퍼덕거리다가
이윽고 바닥으로 떨어졌지요.
그것은 과학자들 사이에서 헬리콥터라고 불리던
작은 장난감이었어요. 우리는 그것을 '박쥐'라고 불렀어요."

라이트 형제는 코르크와 대나무, 고무줄로 만들어진
신기한 장난감 헬리콥터에 반해 버렸어요.
더 커다란 헬리콥터를 만들기 위해
라이트 형제의 손에서 부서지고 다시 만들어지는 헬리콥터.
그러나 헬리콥터는 다시 날지 못했고,
결국 라이트 형제가 실패한 첫 번째 비행 물체가 되었어요.

라이트 형제는 고등학교를 그만두고
인쇄소를 차려 신문을 만들었어요.
인기가 꽤 좋았지만,
형제의 마음을 사로잡은 것은
따로 있었어요.
거리를 쌩쌩 달리는 자전거.
"어떻게 두 바퀴로도 쓰러지지 않고
달릴 수 있는 걸까?"

14개의 자전거 가게가 있는 도시에 뒤늦게 걸린 간판
〈라이트 자전거 가게〉.
다른 자전거 가게에서 10대의 자전거를 만들 때,
라이트 형제가 만든 자전거는 겨우 1대.
공장에서 찍어 내는 자전거가 아니라
손으로 직접 만드는 자전거…….
형제의 관심은 많이 만들어 파는 것이 아니라
더 가볍고, 더 튼튼하고, 더 쌩쌩 달리는 자전거였어요.

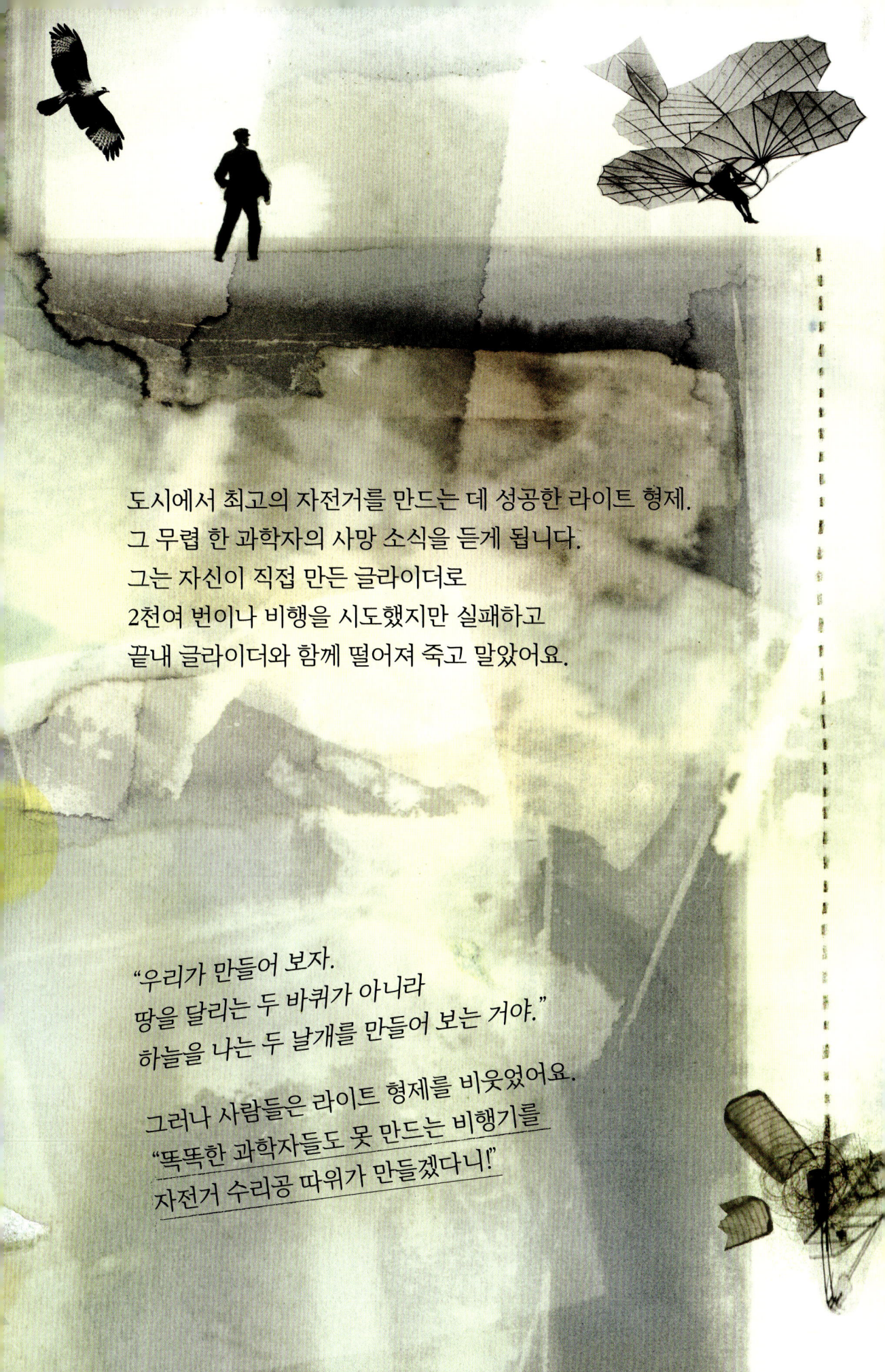

도시에서 최고의 자전거를 만드는 데 성공한 라이트 형제.
그 무렵 한 과학자의 사망 소식을 듣게 됩니다.
그는 자신이 직접 만든 글라이더로
2천여 번이나 비행을 시도했지만 실패하고
끝내 글라이더와 함께 떨어져 죽고 말았어요.

"우리가 만들어 보자.
땅을 달리는 두 바퀴가 아니라
하늘을 나는 두 날개를 만들어 보는 거야."

그러나 사람들은 라이트 형제를 비웃었어요.
"똑똑한 과학자들도 못 만드는 비행기를
자전거 수리공 따위가 만들겠다니!"

인간이 아직 풀지 못한 숙제, 비행기.
사람들은 자연과 도구의 법칙을
꿰뚫고 있는 과학자들만이
비행기를 만들 수 있다고 믿었어요.
그런데 라이트 형제는 자전거 수리공.
형제에게 비행기는 낯설고 어려운 도전이었어요.

라이트 형제의 첫 도전은
비행에 관한 책을 닥치는 대로 읽는 것.

"그때서야 우리는 수많은 사람들이
하늘에 도전했었다는 것을 알 수 있었다."

비행의 원리를 알기 위해
수학과 물리학을 공부하고,
과학자들에게 비행에 관한 질문을 적은
수백 통의 편지를 보냈어요.
그렇게 4년!
하지만 수북한 책 더미 속에서도
라이트 형제는 가장 중요한 답을 찾지 못했어요.

"하늘에서 어떻게 균형을 잡을 수 있을까?"
그러나 답을 가르쳐 준 것은
어려운 물리학이나 수학의 법칙이 아니라
라이트 형제가 가장 잘 알고 있는 자전거였어요.

두 개의 바퀴로도 균형을 잡고 나아가는 자전거.
자전거의 균형을 잡는 것은?
바로 자전거를 탄 사람이었지요.
자전거가 오른쪽으로 비틀거리면 손잡이를 왼쪽으로.
자전거가 왼쪽으로 비틀거리면 손잡이를 오른쪽으로.

"비행기도 마찬가지야!
비행기의 균형은 비행기를 탄 사람이 조종하면 된다!"

라이트 형제는 곧 자전거 가게를 떠났어요.
그들이 간 곳은 미국에서 가장 바람이 많이 부는
키티호크 해변.
그러나 오랫동안 비행기는 날아오르지 않았어요.

대신 균형 잡기 시험을 위해
매일매일 띄워지는 거대한 연.
그리고 연이 사라진 하늘에 나타난 두 날개의 글라이더.

라이트 형제는 하루에도 스무 번 넘게 글라이더를
높은 언덕 위로 옮겼어요.

석 달 동안 1천 번이 넘는 글라이더 시험과
부서지고 다시 만들어지는 조금씩 다른 모양의 글라이더들.

"처음 우리는 비행에 관련된 과학 자료들을
있는 그대로 믿었다.
하지만 차츰 그것들이 모두 의심스러워졌다.
2년 동안 시험을 해 본 다음,
마침내 우리가 배운 지식들을 모두 버렸다.
그리고 우리가 직접 연구한 것만 믿기로 했다."

라이트 형제는 비행에 알맞은 날개를 찾기 위해서
수많은 날개 모형을 만들기 시작했어요.
정사각형 모양, 직사각형 모양, 원 모양…….
조금씩 다른 두께와
조금씩 다른 가로·세로의 비율,
조금씩 다른 날개의 가장자리…….

날개를 시험하기 위해
바람을 일으키는 터널 모양의 '풍동'도 만들었어요.
풍동이 일으키는 바람으로 날아오르는
수백 가지 모양의 날개들.

라이트 형제는 글라이더를 마음대로 조종하며
수백 번이나 하늘을 날아오르는 데 성공했어요.
이제 이 글라이더를 움직일 엔진을 만드는 일만 남아 있었어요.

"만약 비행기가 하늘을 나는 데 성공한다면,
그 주인공은 분명 랭글리 박사일 거야."
전 세계의 관심 속에서
엔진을 달고 동력 비행을 선보이는 랭글리 박사.
그러나 날아오르자마자,
강물 속에 곤두박질 친 비행기.
랭글리 박사의 실패로
인간의 꿈은 또다시 산산조각 나고 말았어요.

인간은 언제쯤 하늘을 날 수 있을까?
백 년 뒤? 아니면 천 년?
그러나 바로 며칠 뒤, 인간의 꿈은 모습을 드러냈어요.

초속 12미터의 강한 바람 속에서
라이트 형제는 직접 조종석에 앉았어요.

마침내 플라이어 호가 하늘로 날아올랐어요.
1초, 2초, 3초……, 12초!
비로소 인간을 향해 열린 하늘의 문.

그리고 다섯 명의 사람들이
하늘을 날고 있는 거대한 날개,
비행기를 지켜보았어요.

하늘을 맘껏 날고 싶었던 인간의 오랜 꿈!
그 꿈을 이루어 준 것은 사람들이 하찮게 여겼던
자전거 수리공 형제의 '기술'이었어요.

자전거 수리공의 손에서 열린

새로운 세상······.

플라이어 호가 하늘을 난 지 백여 년이 흐르는 동안,
수많은 비행기가 만들어졌어요.
더 가볍고, 더 빠르고, 더 멀리 나는 여러 모양의 비행기들.
하지만 그 모든 비행기의 변하지 않는 핵심 원리는
자전거 수리공 라이트 형제가 만든
플라이어 호에 모두 담겨 있답니다.

1867년 4월 16일, 미국 인디애나 주 밀빌에서 윌버 라이트 태어남.

1871년 8월 19일, 미국 오하이오 주 데이턴에서 오빌 라이트 태어남.

1884년 형 윌버가 아이스하키 경기에서 크게 다쳐 고등학교를 그만둠. 오빌이 학교 신문을 만들어 친구들에게 판매.

1888년 인쇄기를 만듦. 윌버가 기사를 써서 주간 지역 신문 〈웨스트 사이드 뉴스〉를 펴내 큰 인기를 끌게 됨.

1889년 어머니 수잔이 세상을 떠남.

1892년 두 형제가 함께 〈라이트 자전거 가게〉를 차림.

1900년 미국 노스캐롤라이나 주 키티호크에서 첫 글라이더의 시험 비행을 함.

ville Wright

1871년-1948년

1903년 세계 최초 동력 비행기 플라이어 호를 만듦, 비행에 성공함.

1909년 데이턴 시에 〈아메리칸 라이트 비행기〉 회사를 세움.

1912년 5월 30일, 형 윌버가 장티푸스로 세상을 떠남.

1917년 아버지 밀턴 세상을 떠남.

1948년 1월 30일, 동생 오빌이 심장병으로 세상을 떠남.

1867년-1912년

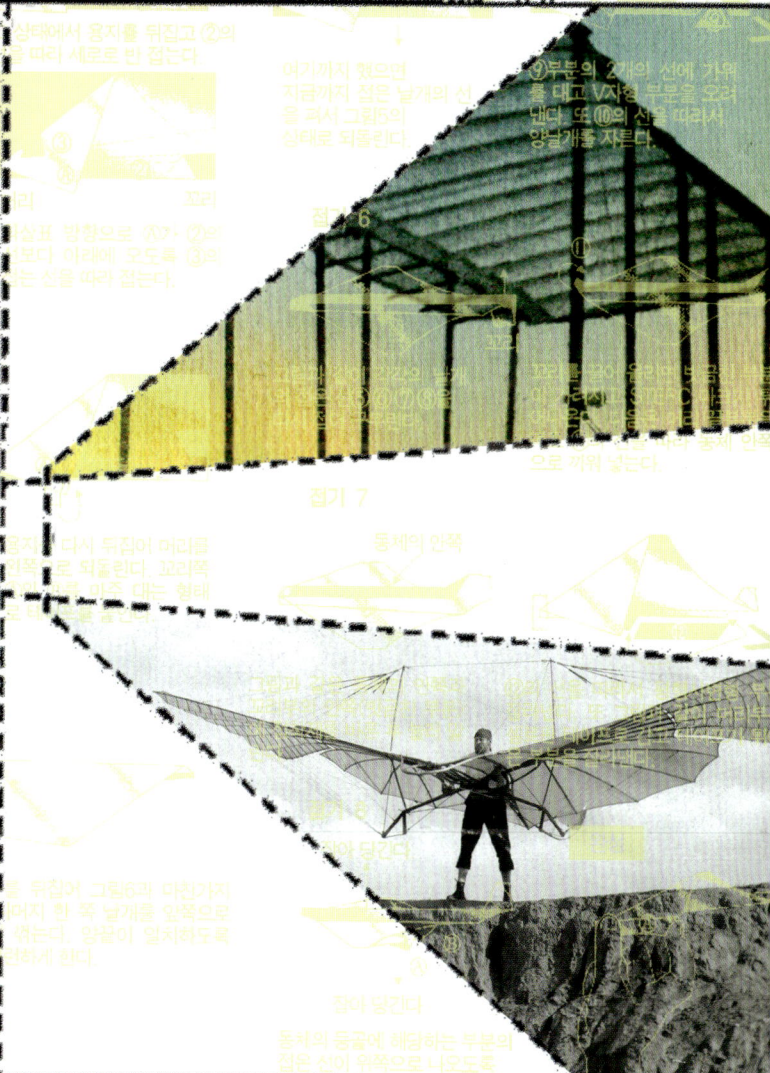

라이트 형제

형 윌버 라이트와 동생 오빌 라이트는 4년 터울입니다. 아버지는 목사였고, 어머니는 손재주가 뛰어난 분이었어요. 형제는 무엇이든 척척 고치고 만들어 내는 어머니의 솜씨를 신기한 눈으로 바라보며 자랐지요. 어머니를 닮은 탓일까요, 어릴 때부터 라이트 형제는 기계에 관심이 많았어요. 늘 쌍둥이처럼 붙어 다니며 무엇이든 만들며 놀았어요. 만드는 것만큼, 부수고 다시 만드는 것도 무척 좋아했습니다. 형제의 손이 부수고 다시 만들기를 반복할 때마다 머릿속에는 스스로 깨달은 새로운 지식들이 차곡차곡 쌓여 갔어요. 기계가 어떻게 해야 잘 움직이는지, 그 원리만 알면 두 손으로 무엇이든 만들 수 있다는 것을 알게 되었지요. 오빌은 열네 살 때 작은 인쇄기를 구해 학교 신문을 만들어 친구들에게 팔았어요. 그러다 형제는 인쇄기까지 직접 만들어 지역 주간 신문을 발행했어요. 뜯어보고 만들어 보는 형제의 기계에 대한 관심과 재능을 엿볼 수 있습니다.

라이트 형제는 공교롭게도 둘 다 고등학교를 마치지 못했습니다. 형 윌버는 아이스하키를 하다가 이가 거의 다 부러지는 큰 사고를 당했고, 동생 오빌은 어머니가 돌아가시자 그 충격 때문에 학교를 그만두었지요. 1892년 형 윌버가 25세, 동생 오빌이 21세 때 두 사람은 인쇄소를 닫고 자전거 가게를 열었습니다. 〈라이트 자전거 가게〉에서는 모든 부품 하나하나를 손으로 조립한 자전거만 판매했어요. 형제는 더 빠르고, 더 가벼우면서도 튼튼한 자전거를 만들어 가게는 늘 손님들로 붐볐습니다. 1896년 형제는 독일의 오토 릴리엔탈이 글라이더를 시험 비행하다가 추락사했다는 신문 기사를 접합니다. 형제의 관심은 자전거에서 비행기로 옮겨 갔습니다. 비행에 관련된 책을 닥치는 대로 구해 공부하고 연구했어요. 그리고 4년 뒤, 자신들이 만든 글라이더를 시험하기 위해 노스캐롤라이나 주의 키티호크 해변으로 향했습니다. 그곳의 오두막집에 살

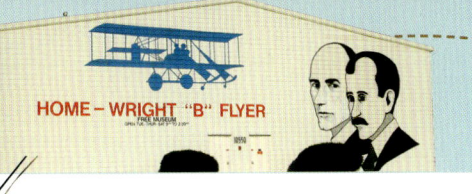

면서 글라이더를 조금씩 바꿔 가며 비행기의 적합한 모양을 찾으려고 애썼지요. 1902년에는 무려 1천 번에 이르는 글라이더 시험 비행을 했지만 모두 실패하고 말았습니다.

무엇이 문제일까? 라이트 형제는 그동안 과학자나 수학자들이 알아낸 공기의 저항과 날개 모양 사이의 관계가 모두 틀렸다는 것을 알았어요. 그때부터 자신들이 연구한 것만으로 비행기 모형을 만들었고, 2백 번도 넘게 시험을 했어요. 1903년 12월 17일, 라이트 형제는 직접 만든 가솔린 엔진과 프로펠러를 단 비행기를 키티호크 해변의 언덕으로 운반했어요. 비행기의 이름은 플라이어 1호. 하지만 사람들은 자전거 수리공이 만든 비행기에 관심을 갖지 않았어요. 드디어 동생 오빌 라이트가 탄 플라이어 1호가 하늘에 날아올랐어요. 단 12초 동안 36미터를 날아갔지만, 그것은 최초로 사람이 조종하여 움직이는 동력 비행이었답니다.

라이트 형제는 더 성능이 좋은 비행기를 계속 만들어 갔어요. 플라이어 2호는 상하·좌우로 움직일 수 있었고, 세계 최초의 실용 비행기인 플라이어 3호는 8자 비행과 방향을 바꿔 되돌아올 수 있었어요. 1908년 윌버 라이트는 프랑스

에서 수많은 사람이 지켜보는 가운데 플라이어 3호를 타고 멋지게 하늘을 날았어요. 비로소 세상 사람들이 라이트 형제의 비행기에 열광하게 되었지요. 이듬해에는 〈아메리칸 라이트 비행기〉 회사를 세워 본격적으로 비행기를 만들어 팔았습니다. 그 뒤로 비행기는 발전을 거듭하여 오늘날에 이르렀지요.

자전거 수리공이 어떻게, 라는 비웃음 속에서도 기술로 자신들의 길을 열어 간 라이트 형제. 이들은 비행기를 만드는 데 평생을 바치느라 둘 다 결혼도 하지 않고 세상을 떠났습니다.

하늘에 띄운 꿈

새처럼, 인간은 늘 하늘을 자유롭게 날아다니는 꿈을 꾸었어요. 1903년 플라이어 1호가 날아오르기 전에도 수많은 발명품이 하늘에 띄워졌답니다. 어떤 것들이 있을까요?

연

하늘에 처음 띄워진 발명품은 연입니다. 약 2천2백 년 전, 중국 사람들은 하늘에 연을 날리기 시작했어요. 연을 오랫동안 높이 띄우려면 바람을 잘 이용해야 해요. 연을 당기고 있는 연줄의 힘과 같은 크기의 바람의 힘이 반대로 더해져서 연이 뜨는 것이거든요. 연은 글라이더나 비행기를 만들려는 발명가들에게 많은 아이디어를 주었어요.

열기구

1783년 프랑스의 하늘에 바구니를 단 커다란 풍선 같은 물체가 등장했어요. 몽골피에 형제가 최초로 만든 열기구입니다. 몽골피에 형제는 타다만 종이쪽들이 연기에 실려 하늘로 올라가는 것을 보면서 퍼뜩 생각이 떠올랐습니다. '연기의 힘을 이용하면 하늘을 날아가는 기구를 만들 수 있지 않을까?'

열기구의 비밀은 풍선처럼 생긴 공기주머니에 있어요. 공기를 가득 채운 주머니에 뜨거운 열을 더해 주면, 주머니 속 공기의 무게가 바깥 공기의 무게보다 가벼워지면서 열기구가 뜨는 거예요. 열기구는 바람의 힘으로 멀리 갈 수는 있지만, 방향을 조종할 수는 없었지요.

비행선

프랑스의 기계 기술자 앙리 지파르는 바람의 영향을 받지 않고 원하는 곳으로 날아갈 수 있는 기계를 만들고 싶었어요. 바람이 어떤 방향에서 불어와도 앞으로 날아갈 수 있는 힘을 연구해야 했지요. 바로 추진력입니다. 오랜 연구 끝에 홀쭉한 럭비공 모양의 기구를 만들었어요. 그런 다음 공기보다 가벼운 수소를 가득 채우고, 추진력을 얻기 위해 증기 기관을 달았습니다.

1852년 9월 24일, 지파르는 자신의 비행선을 타고 시속 8킬로미터의 속도로 세 시간 동안 파리의 하늘을 날았어요. 사람이 조종할 수 있는 최초의 비행기구였지요. 비행선은 속도가 너무 느리고 가스주머니가 커서 널리 사용되지 못했어요.

글라이더

독일의 오토 릴리엔탈은 새의 움직임에 관해 30년 동안이나 연구했습니다. 새처럼 자유롭게 날고 싶었기 때문입니다. 그러다 황새를 주목했어요. 날개를 퍼덕이지 않고도 오랫동안 하늘에 머무는 황새. 오토 릴리엔탈은 황새의 날개를 닮은 글라이더를 만들었어요. 그리고 1891년 처음으로 사람이 움직이는 글라이더를 타고, 내리막길을 달려 바람을 이용해 나는 데 성공했지요.

1896년 오토 릴리엔탈은 비행 중에 갑자기 돌풍이 불어 글라이더와 함께 떨어져 세상을 떠났습니다. 그때까지 2천 번이 넘게 하늘을 날았으며, 그의 관찰과 기록은 라이트 형제에게 많은 도움이 되었어요.

1927년 우편 비행사였던 찰스 린드버그는 뉴욕에서 출발하여 33시간 20분 만에 파리에 도착했어요.

제2차 세계 대전이 벌어졌던 사이에 1백만 대의 비행기가

더 빨리

하늘로 향한 길은 더 넓고 더 높아졌어요.

1969년 7월 16일 아폴로 11호는 지구를 출발하여 38만 4천400킬로미터를 날아 달에 착륙했어요.

1909년 프랑스에서 출발한 블레리오 11호는 43분 만에 42킬로미터의 도버 해협을 건너 영국 땅에 착륙했어요.

라이트 형제가 하늘의 문을 활짝 열어젖힌 뒤

1961년 4월 12일 유리 가가린을 태운 우주선 보스토크 1호가 처음으로 지구 밖 여행을 떠났어요.

플라이어 1호 하늘을 날다

플라이어 1호는 비행의 세 가지 원리를 모두 해결한 최초의 비행기입니다. 비행의 세 가지 원리란 무거운 비행기를 공중에 뜨게 하는 힘인 양력, 공중에 뜬 비행기를 앞으로 가게 하는 추진력, 원하는 방향으로 움직이게 하는 조종 기술이지요. 그럼, 라이트 형제의 손에서 태어나 하늘의 문을 활짝 열어젖힌 플라이어 1호를 구경해 볼까요?

- 물푸레 나무로 만든 몸체
- 방향타
- 소나무로 만든 프로펠러
- 가솔린 엔진
- 두꺼운 천으로 만든 날개
- 총 무게 275킬로그램,
- 날개 가로 12.4미터 세로 2미터
- 총 길이 6.5미터,

플라이어 1호에는 조종석이 따로 없었어요. 라이트 형제는 납작 엎드려 온몸을 좌우로 움직이면서 비행기를 조종했답니다. 하지만 몇 년 뒤에 지금의 비행기처럼 앉아서 조종할 수 있는 비행기를 만들었어요.

"플라이어 1호는 사람을 실은 기계가 그 자체의 힘만으로 공중에 떠서, 속도가 줄지 않고 앞으로 날아가다가 마침내는 출발 지점보다 더 높은 곳에 착륙한 역사상 최초의 비행기였다." _오빌 라이트

1903년에 만든 플라이어 1호.

1905년에 만든 플라이어 3호.

점점 발전하는 라이트 형제의 비행 기록

1903년 12월 17일, 플라이어 1호 비행시간 12초, 비행거리 36미터.

1904년 플라이어 2호 1백 차례 이상 비행. 비행시간 5분 4초, 비행거리 5킬로미터.

1905년 플라이어 3호 비행시간 39분 24초, 비행거리 38킬로미터.

1907년 비행시간 1시간 5분. 미국 육군으로부터 비행기 제작을 의뢰받음.

1908년 프랑스에서 윌버 라이트가 2시간 20분 23초 동안 비행.
　　　 유럽에서 관심을 받기 시작.

1909년 9월, 미국 육군이 라이트 형제가 만든 비행기 구입.

1909년 11월, 〈아메리칸 라이트 비행기〉 회사 세움. 비행기 대량 제조 판매 시작.

1911년 캘브레이스 로저스가 라이트 형제의 비행기 빈피즈를 타고
　　　 북아메리카 횡단 성공.

1908년 플라이어 3호를 타고 프랑스 하늘을 나는 윌버.

1909년 미국 육군이 구입한 최초의 군용 비행기.

1911년 북아메리카를 횡단한 빈피즈.